Alexandra Funk & Ralf Apel

RUND & BUNT

Vielseidig Verlag

HALLO LIEBE FREUNDE DER KLEINEN PERLEN!

Endlich ist es Sommer. Die Jacken und langen Hosen bleiben zu Hause. T-Shirts, Tops und Shorts sind angesagt. Somit ergibt es sich, daß man wieder mehr Haut zeigen kann. Diese sollte dann auch entsprechend zur Geltung kommen. Wir haben uns "Kleine Hingucker" ausgedacht, die recht einfach zu basteln sind. Für den Hals eine trendige Kette, ein tolles Freundschaftsbändchen verziert das Handgelenk oder man peppt mal eben den Bikini neu auf. Die tollen Farben der Perlmuttrocailles tun ihr übriges.

Also ran an die Perlen und freudiges Fädeln wünschen

Sandy & Ralfi

SO GEHT'S

Perlen

In diesem Buch haben wir fast ausschließlich Rocailles 2,6 mm in Perlmutt verwendet. Es gibt in den Fachgeschäften eine riesen Auswahl an Rocailles und Indianerperlen. Sie können auswählen zwischen opaken, gelüsterten, Perlen mit Silbereinzug oder eben perlmuttfarbenen Rocailles. Wenn kein extra Vermerk bei den einzelnen Materialangaben gemacht wurde, verwenden Sie immer permuttfarbene Rocailles.

Sie können natürlich Rocailles und andere Perlen miteinander kombinieren. Wir haben zum Verlängern einiger Ketten Holzperlen in verschiedenen Größen verwendet.

Nadeln

Es werden im Fachhandel spezielle Perlfädelnadeln angeboten. Diese sind sehr dünn und lang und haben ein sehr feines Nadelöhr.

Draht

In diesem Buch wurde Silberdraht in 0,15 mm Stärke und Messingdraht in 0,25 mm Stärke verwendet.

Bei der Verarbeitung von Draht ist Vorsicht geboten. Bilden sich Schlingen, können Knicke im Draht entstehen und dieser dann durchbrechen.

Faden

Für Ketten die auf dem Perlenrahmen hergestellt werden benötigt man weißen Kettfaden und Nylonfaden. Dieser sollte eine Stärke von 0,25 mm Durchmesser haben. Wir haben bei manchen Teilen mit Nylonfaden und Draht gearbeitet.

Verschlüsse

Es eignen sich Drehverschlüsse, kleine Karabiner oder Federringe.

Sonstige Hilfsmittel:

Alte Schere
Kleine Zange
Sekundenkleber
Perlenwebrahmen
Broschennadeln
Pins

TIPS &

Perlenwebrahmen

Im Fachhandel gibt es spezielle Perlenwebrahmen aus Holz zu kaufen. Dieser hat an beiden Seiten kleine Einkerbungen. Die Kettfäden, die immer ca. 40 cm lang sein sollten, werden straff eingespannt und mit Klebstreifen fixiert. Die Anzahl der Fäden richtet sich nach der Vorlage auf dem Bogen. An den Rändern immer 2 Fäden spannen. Der Rand wird dadurch viel stabiler.

TRICKS

Weben

Gewebt wird mit Nylonfaden der 0,25 mm sein sollte. Verknoten Sie diesen an einem äußeren Kettfaden. Nun eine Nadel einfädeln und die Perlen für eine Reihe aufziehen. Die Nadel mit den Perlen von links nach rechts unter die Kettfäden führen und die Perlen mit einem Finger zwischen die Kettfäden nach oben drücken. Anschließend den Faden von rechts nach links oberhalb der Kettfäden durch die Perlen ziehen. Den Faden immmer fest anziehen und die Reihen eng zusammenschieben. Der Nylonfaden wird vernäht indem man ihn durch einige Reihen zurückfädelt und dann abschneidet.

Abschluss mit Kordeln

Ist das Band fertig und alle Fäden vernäht, ziehen Sie das Klebeband ab und nehmen die Webarbeit vorsichtig vom Rahmen. Die Kettfäden werden in drei oder zwei Gruppen geteilt und fest nach rechts eingedreht. Beim Loslassen dreht sich die Kordel von selbst zusammen. Schieben Sie nun eine Holzperle darüber und fixieren diese mit Kleber.

HERZEN

Kette: Rocailles 2,6 mm perlmutt in Rot, Weiß, Rosé, Weinrot
Nylonfaden 0,25 mm
Silberdraht 0,15 mm
Drehverschluß

Ziehen Sie das lange Kettenteil auf Nylonfaden auf und knoten den Drehverschluß an. Der Faden sollte ca. 60 cm lang sein. Den Herzanhänger stellen Sie nach Vorlage A auf dem Bogen mit Draht her und befestigen ihn an der Kette.

Enge Halskette: Material wie Kette oben
Federringverschluß

Bei dieser Kette zuerst das Herz mit Draht anfertigen. Danach durch die 2. Reihe von oben einen Nylonfaden ca. 50 cm lang ziehen. Herz in die Mitte schieben und links und rechts Rocailles nach Vorlage auffädeln. Verschluß anbringen.

Armband: Rocailles wie Kette oben
Holzperlen 6 mm weinrot
Weißer Kettfaden
Perlonfaden 0,25 mm

Arbeiten Sie das Armband auf einem Perlenrahmen wie in der Vorlage beschrieben. Für den Verschluß 4 Kettfädenenden zusammenfassen und jeweils zusammendrehen, bis sich die Fäden zu einer Kordel drehen.

FÜR STRANDNIXEN

Material:	Rocailles 2,6 mm perlmutt in Mais, Orange, Türkis Nylonfaden 0,25 mm Silberdraht 0,15 mm Heller Nähfaden Einfarbiger Bikini

Fertigen Sie die kleinen Ecken nach Vorlage B auf dem Bogen mit Silberdraht an. Man benötigt ca. 6 Stück.

Nun für das Oberteil zwei Perlenstränge auf Nylonfaden fädeln (Maß je nach Bikinimodell). Die kleinen Ecken mit Nähfaden an das Höschen festnähen. Die etwas längere Ecke in der Mitte des Oberteils befestigen. Die beiden Stränge ebenfalls mit Nähfaden anbringen und als kleine Hingucker noch einzelne türkisfarbige Rocailles annähen.

EIN HAUCH VON INDIEN

Lange Kette: Rocailles 2,6 mm perlmutt in Weinrot, Orange, Rot, Lila, Gold
Stiftperlen 5x2 mm in Lila
Nylonfaden 0,25 mm
Drehverschluß
Dünner Silberdraht

Ziehen Sie den Kettenstrang auf ein ca. 45 cm langes Stück Nylonfaden auf. Der Verschluß wird angeknotet. Das untere Anhängerstück wird nach Vorlage C auf dem Bogen mit Draht angefertigt und in die Mitte der Kette eingefädelt.

Halsband: Rocailles wie lange Kette,
Holzperlen 6 mm in Weinrot
Federringverschluß
Perlenrahmen
Weißer Kettfaden
Nylonfaden, Perlnadel

Das obere dreireihige Band der Kette wird auf dem Perlenrahmen gefertigt. Das fehlende Stück wird je nach Halsumfang mit Holzperlen verlängert. Wenn das Band auf dem Rahmen fertiggestellt ist nehmen Sie es nicht herunter. Die hängenden Teile werden mit einer Perlnadel eingeflochten.

Ohrringe: Rocailles in Weinrot, Lila, Gold
Stiftperlen 5x2 mm
2 Ohrhaken, Nylonfaden

Ohrhänger nach Vorlagebogen auf Draht fädeln und Haken einhängen.

FISCHLIS

Kette: Rocailles 2,6 mm Perlmutt in Mittelblau, Türkis, Weiß, Rot
Stiftperlen 5x2 mm irisierend
Nylonfaden 0,25 mm
Silberdraht 0,15 mm
Federringverschluß

Fertigen Sie den Fisch nach Vorlage D auf dem Bogen mit Silberdraht an. Ein ca. 50 cm langer Nylonfaden wird nun durch die 2. Reihe Perlen vom Fisch gezogen. Links und rechts davon fädeln Sie abwechselnd die Rocailles und die Stiftperlen auf.

Zuletzt den Verschluß festknoten.

Armreif: Rocailles in Mittelblau, Türkis
Stiftperlen 5x2 mm irisierend
Spiralarmreif

Stecken Sie die Perlen nach Vorlage auf den Armreif auf und biegen am Ende das Drahtstück zu einer kleinen Schlaufe. So können die Perlen nicht mehr herunterfallen.

Fischpin: Rocailles wie Kette
Stiftperlen 5x2 mm irisierend
Pin oder Broschennadel

Der kleine Fisch wird mit Silberdraht angefertigt. Der Pin oder die Broschennadel kann mit Heißkleber angebracht werden.

ETHNO-LOOK

Kette: Rocailles 2,6 mm perlmutt in Weiß, Oliv, Gold, Rotbraun
Nylonfaden 0,25 mm
Drehverschluß
Messingdraht

Die Spirale wird mit Draht nach Vorlage E auf dem Bogen angefertigt. Nachdem diese fertig ist ziehen Sie durch die oberste Perlenreihe ein ca. 60 cm langes Stück Nylonfaden. Die Spirale nun in die Mitte setzen und links und rechts Rocailles auffädeln. Länge nach Geschmack. Zuletzt Verschluß anknoten.

Ring: Rocailles in Weiß, Oliv, Gold, Rotbraun, Schwarz
Perlenrahmen
Weißer Kettfaden
Nylonfaden

Auf dem Perlenrahmen 8 Fäden spannen. Ca. 22-25 Reihen weben. Fadenenden verknoten.

Armband: Rocailles in Weiß, Oliv, Gold, Rotbraun, Schwarz
Holzperlen Natur 6 mm
Weißer Kettfaden
Nylonfaden 0,25 mm

Armband nach Vorlage E auf dem Bogen mit einem Perlenrahmen weben. Die Kettfädenenden miteinander verzwirbeln. Holzperlen aufziehen und eventuell etwas festkleben.

BUNTER HUND

Halsreif:	Rocailles 2,6 mm perlmutt in Weiß, Mais, Mittelblau, Rot, Dunkelgrün, Lila, Schwarz Spiralhalsreif

Perlen auf Halsreif fädeln. Immer 5 einer Farbe und dann ein schwarzes. Am Ende das Drahtstück zu einer kleinen Schlaufe biegen, um das herrunterfallen der Perlen zu vermeiden.

Armreif:	Rocailles in Weiß, Mais, Mittelblau, Rot, Dunkelgrün, Lila Spiralarmreif

Aufädeln: 5x Blau, 1x Lila, 1x Blau, 5x Lila, 1x Grün, 1x Lila, 5xGrün usw.

Hundepin:	Rocailles in Mais, Mittelblau, Rot, Dunkelgrün, Lila, Schwarz

Hündchen nach Vorlage F auf dem Bogen basteln. Nach Fertigstellung kann von hinten ein Pin oder eine Broschennadel angeklebt werden.

LILA & TÜRKIS

Lange Kette:	Rocailles 2,6 mm perlmutt in Flieder, Lila, Türkis, Weiß Stiftperlen 5x2 mm irisierend Nylonfaden 0,25 mm Perlfädelnadel Drehverschluß

Ziehen Sie auf ein ca. 45 cm langes Stück Nylonfaden die Kette auf. Abwechselnd eine Flieder- und eine Stiftperle. An den Enden den Verschluß festknoten. Anhänger nach Vorlage G auf dem Bogen herstellen und in die Mitte der Kette einfädeln und verknoten.

Enge Halskette: Material wie Kette oben.

Fertigen Sie die Kette nach Vorlage G mit Nylonfaden an und knoten den Verschluss fest.

Armband:	Rocailles in Flieder, Lila Stiftperle 5x2 mm irisierend Nylonfaden 0,25 mm Holzperle 12 mm

Knoten Sie das Armband aus Nylonfaden nach Vorlage G. Als Verschluß dient die Holzperle.

MARGARITEN

Kette mit Blume: Rocailles 2,6 mm perlmutt in Rot, Weiß, Mais, Dunkelgrün
Nylonfaden 0,25 mm
Drehverschluß
Silberdraht

Hier ziehen Sie die kleinen Rocailles auf ca. 45 cm Nylonfaden auf. Abwechselnd 10 Rote, 1 Weiße, 1 Gelbe, 1 Weiße, 10 Rote usw.

Am Fadenende Verschluß anknoten. Die Blume nach Vorlage H auf dem Bogen basteln und über die Kette stecken.

Haarspange: Rocailles in Rot, Weiß, Mais, Dunkelgrün
Haarclip
Silberdraht

Basteln Sie die Blume nach Vorlage H und drahten diese dann an der Spange fest.

Enge Halskette: Material wie Kette oben

Bei dieser Kette werden auf einem ca. 40 cm langen Stück Nylonfaden 6 weiße Rocailles und ein dunkelgrünes abwechselnd aufgezogen. Den Verschluß anknoten. Die kleinen Blütenhänger werden erst danach aufgezogen. Siehe Vorlage H !

DIE KROKOS KOMMEN!

Enges Halsband:	Rocailles 2,6 mm perlmutt in Dunkelgrün Rocailles 2,6 mm opak gelüstert in Hellgrün Rocailles mit Silbereinzug in Grün und Hellgrün Rocailles Schwarz Karabinerverschluß event. mit Verlängerung Nylonfaden 0,25 mm

Auf einen Nylonfaden ca. 40 cm lang abwechselnd 1 schwarzes und 6 hellgrün gelüsterte Rocailles aufziehen. An jedem Fadenende 2 schwarze Rocailles aufziehen und den Verschluß anknoten. Die Spitzen werden nachträglich nach Vorlage I aufgezogen.

Armband:	Rocailles 2,6 mm opak gelüstert in Hellgrün Rocailles 2,6 mm mit Silbereinzug in Hellgrün Rocailles 2,6 mm perlmutt in Rot Federringverschluß Nylonfaden 0,25 mm

Armband nach Vorlage I auf Nylonfaden aufziehen und Verschluß anknoten.

Krokopin:	Rocailles 2,6 mm opak gelüstert in Hellgrün Rocailles 2,6 mm perlmutt in Weiß und Rot Rocailles 2,6 mm in Schwarz Holzperle 10 mm Silberdraht, Pin oder Broschennadel

Krokokopf nach Vorlage I basteln und mit der Holzkugel füllen. Eine Broschennadel oder ein Pin kann zum Schluß angeklebt oder angedrahtet werden.

MARITIMER SOMMERSCHMUCK

Enge Halskette: Rocailles 2,6 mm perlmutt in Türkis, Weiß, Mittelblau
Stiftperlen 5x2 mm Türkis
Holzperlen 6 mm Blau
Perlenwebrahmen & Perlnadel
Weißer Kettfaden
Nylonfaden 0,25 mm

Diese Kette wird teilweise auf dem Perlenrahmen gefertigt. Zuerst wird das Band nach Vorlage J gewebt. Danach werden mit einer Perlnadel die Spitzen unten eingeflochten. Zum Schluß das Halsband vom Rahmen nehmen, die Kettfäden zusammenfassen und mit Holzperlen je nach Halsumfang verlängern. Verschluß anknoten.

Lange Kette: Rocailles in Weiß, Mittelblau, Türkis
Nylonfaden 0,25 mm
Drehverschluß

Schneiden Sie 3 Stränge ca. 50 cm langen Nylonfaden zurecht und ziehen die Rocailles auf. Alle 3 zusammenfassen und Verschluß anknoten. Ein paarmal in sich drehen.

Haarspange: Material wie enge Kette
Moosgummistück Hellblau
Haarspange 6 cm

Haarspange nach Vorlage J weben. Kleine Spitzen mit Nylonfaden einweben. Vom Perlenrahmen nehmen und Fadenenden verknoten. Ein kleines Stück Moosgummi von hinten aufkleben und daran den Clip befestigen.

VIELE KLEINE BLÜMCHEN

Halsreif: Rocailles 2,6 mm perlmutt in Mais, Gelb, Orange
Spiralhalsreif
Nylonfaden 0,25 mm

Ziehen Sie die Perlen auf den Halsreif nach Vorlage K auf. Am Ende biegen Sie den Draht zu einer kleinen Schlaufe damit die Perlen nicht herunterfallen können. Der kleine Anhänger wird mit Nylonfaden gebastelt und später angeknotet.

Armband: Rocailles 2,6 mm perlmutt in Mais, Gelb und Orange
Nylonfaden 0,25 mm
Drehverschluß

Blümchenarmband nach Vorlage K auf dem Bogen mit Nylonfaden knüpfen. An den Fadenenden Drehverschluß anknoten.

Ring: Rocailles 2,6 mm perlmutt in Mais, Gelb und Orange
Spiralring

Fädeln Sie die Perlen abwechselnd auf den Ring auf und biegen die Drahtenden dann zu einer kleinen Schlaufe.

SONNENSTRAHLEN

Kette: Rocailles 2,6 mm perlmutt in Mittelblau, Mais, Hellblau, Türkis
Stiftperlen 5x2 mm in Türkis
Holzperle 8 mm Gelb
Messingdraht 0,25 mm
Nylonfaden
Drehverschluß

Als erstes wird der kleine Sonnenanhänger nach Vorlage L fertiggebastelt. Danach flechten Sie ein ca. 50 cm langes Stück Nylonfaden ein und ziehen Perlen links und rechts davon auf. Die Enden am Drehverschluß verknoten.

Schlüsselanhänger: Rocailles in Mittelblau, Mais, Hellblau, Türkis
Holzperle 12 mm Gelb
Messingdraht 0,25 mm

Basteln Sie die Sonne nach Vorlage L fertig. Auf ein ca. 12 cm langes Stück Messingdraht die blauen Perlen aufziehen und mit der gelben Holzkugel verdrahten.

Weitere Bücher, die bei Vielseidig erschienen sind:

Perlen und Leder
Liebevoll gestalteter Schmuck aus Perlen und Leder zum Nachbasteln
Heft 14x20 cm
ISBN 3-930529-48-3

Buntes Porzellan
Schmuckes und Witziges mit Porzellanfarben
Heft 14x20 cm
ISBN 3-930529-50-5

Laubanger 19b 96052 Bamberg **Vielseidig Verlag** GmbH Tel. 0951/ 6 89 97 Fax. 0951/ 60 32 99